세종한국어

Sejong Korean

ENGLISH EDITION

1A

Extension Activity Book

Published by Kong & Park, Inc.
85, Gwangnaru-ro 56-gil, Gwangjin-gu, Seoul, 05116 Rep. of Korea
info@kongnpark.com

Simultaneously published in the USA by Kong & Park USA, Inc.
1440 Renaissance Drive, Suite 430, Park Ridge, IL 60068, USA
usaoffice@kongnpark.com

Copyright © 2022 by National Institute of Korean Language
All rights reserved. No part of this book may be used or
reproduced in any manner whatsoever without written permission,
except in the case of brief quotations in critical articles and reviews.
For more information, contact rights@kongnpark.com.

Published September 1, 2022
Printed in Korea

ISBN 978-1-63519-047-2 (52395)

Originally published as *Sejong Hangugeo Deohagi Hwaldong* (세종한국어 더하기 활동)
© 2022 National Institute of Korean Language

Foreword

Due to the growing scale of the Hallyu (Korean wave) content, the Hallyu culture (Korean culture) is spreading worldwide. As a result, the eagerness to learn Korean is surprisingly increasing. The number of test-takers for the Korean Language Proficiency Test reached over 300,000 in 2021 despite a worldwide slump due to COVID-19. King Sejong Institutes, affiliated with the Ministry of Culture, Sports, and Tourism, have increased in number from 13 in 2007 to 244 in 84 countries in 2022. To support the continuous spread of the Korean Wave, Korean language education should be provided in well-organized ways.

The Ministry of Culture, Sports, and Tourism and the National Institute of Korean Language decided to revise *Sejong Korean*, first published in 2011, to strengthen the groundwork of Korean language education, which grows along with Hallyu content. For the revising work of the textbook, the primary research started in 2019, and after three years of work, the new *Sejong Korean* was finally published. Then we announced it with the King Sejong Institute Foundation in 2022.

The newly revised *Sejong Korean* has the following features. First, it focuses on foreign learners eager to learn Korean at King Sejong Institutes around the world. Second, it has been developed as an instructional material that can be used flexibly according to the learning environment in each King Sejong Institute worldwide. Third, the foreigner's interest in Hallyu content is reflected in the textbook's content to reduce the learner's burden of learning Korean. Lastly, it plays a pivotal role as a standard textbook representing the King Sejong Institute and provides a foothold for the next step of Korean language learning.

The King Sejong Institute is Korea's representative overseas institution for Korean language education. It connects Korea and the world through the Korean language and culture. The National Institute of Korean Language and the Ministry of Culture, Sports, and Tourism will continue cooperating with the King Sejong Institute Foundation by providing continuous efforts and support so that Korean language lovers worldwide can achieve their dreams.

Lastly, I would like to sincerely thank the research and writing staff as well as publishers for their best efforts in developing the textbook. With the new start of *Sejong Korean*, I would appreciate your warm interest so that the Ministry of Culture, Sports, and Tourism, the National Institute of Korean Language, and the King Sejong Institute Foundation can expand their reach throughout the world.

August 2022
Chang Sowon
Director, National Institute of Korean Language

Preface

The King Sejong Institute is an organization that connects Korea and the world by spreading the Korean language and culture worldwide. This book aims to enable learners to improve their communication skills in Korean by motivating their interest in learning the Korean language based on cross-cultural communication. To this end, the current situations in Korea have been reflected in the content of this book, and a new format and design are applied to introduce the latest teaching methods. We tried to present a new direction for overseas Korean language education. The features of this book are as follows.

First, there are two kinds of books, such as a 'student book' and an 'extension activity book,' so that instructors can use both of them flexibly in Type 가, Type 나, or Type 다, which is part of the standard curriculum of the King Sejong Institute. The 'student book' contains the core content required for each level, and the 'extension activity book' provides a variety of communication activities that require in-depth expansion of language knowledge. This flexibility allows learners to select the right book for their learning environment.

Second, the units are composed in different formats according to levels for effective teaching and learning. Also, this book applies the teaching as well as learning content and procedures relevant to the language development stage. In particular, various illustrations and visual materials motivate a learner's interest in learning Korean.

Third, we present vivid Korean cultural content throughout the book so learners can understand Korean culture from a cross-cultural point of view. As a result, learners can develop the right attitude towards their and Korean cultures.

Fourth, we provide workbooks, teacher's guides, vocabulary and grammar books, and class PPTs along with textbooks so instructors and learners can use them for their needs.

I would like to thank the National Institute of Korean Language for joining the entire production of this book from planning to the end. I would also like to thank the King Sejong Institute Foundation for its cooperation and support with local institutes worldwide. Also, I appreciate Kong & Park Publishing Company for designing this book for learners to learn Korean in a fun way. Lastly, I would like to thank the researchers who contributed all their efforts to this book with their love for Korean language education for almost three years.

August 2022
First Author Lee Jung Hee
Professor, Institute of International Education Kyung Hee University

Contents

Foreword 3 • Preface 4

01	Hi, I'm Anna	6
02	Can I have your phone number?	10
03	My bag is next to the desk	14
04	I'm studying Korean	18
05	I buy bread and milk	22
06	Give me five apples	26
07	It begins at seven o'clock	30
08	Is the weather hot?	34
09	I took a walk in the park	38
10	Shall we go to an amusement park together?	42

Listening Scripts 48 • Answer Key 50 • Vocabulary Index 58 • Credits 60

나라와 직업

1. **What country is this? Match each picture with the appropriate country. Then read the words.**
   여기는 어디예요? 알맞은 것을 연결하고 읽어 보세요.

한국   미국   프랑스   러시아   베트남   중국

2. **Look at the pictures and talk with a partner.**
   그림을 보고 친구와 이야기해 보세요.

한국 사람이에요?
네. 한국 사람이에요.
의사예요?
아니요. 선생님이에요.

(국적: 한국)
1) (국적: 캐나다)
2) (국적: 인도네시아)
3) (국적: 태국)
4) (국적: _____)

새 어휘 | 국적

이에요/예요 | 은/는

1. Choose the appropriate words and make sentences. Then talk with a partner.
다음에서 알맞은 것을 골라 문장을 쓰고 친구와 이야기해 보세요.

☑ 빵   □ 책   □ 나무   □ 의자   □ 포도   □ 신발   □ 책상   □ 과자   □ 우유
□ 공책   □ 차   □ 가방

_____ 이에요.

빵이에요. /

_____ 예요.

2. Look at the pictures and complete the conversations.
그림을 보고 대화를 완성해 보세요.

(재민, 회사원)

누구예요?

재민 씨예요.
재민 씨는 회사원이에요.

1)
(제 친구, 대학생)

가 : 누구예요?
나 : 제 친구예요.
_____.

2)
(유나, 가수)

가 : 누구예요?
나 : 유나예요.
_____.

3)
(선생님, 한국 사람)

가 : 누구예요?
나 : 선생님이에요.
_____.

4)
(누나, 의사)

가 : 누구예요?
나 : 누나예요.
_____.

새 어휘 | 나무 / 신발 / 책상 / 과자 / 우유 / 가방 / 차 / 누나

인사와 소개

1. **Mari and Eugene meet and greet each other for the first time. Listen carefully and answer the questions.**
   마리 씨와 유진 씨가 처음 만나서 인사해요. 다음을 잘 듣고 질문에 답하세요.

   1) 유진 씨는 어느 나라 사람이에요?

   ① (한국)　　② (미국)　　③ (일본)

   2) 마리 씨의 직업이 뭐예요?

   ① (학생)　　② (회사원)　　③ (의사)

2. **Look at the pictures and talk with a partner.** 그림을 보고 친구와 이야기해 보세요.

   이름이 뭐예요?
   웨이예요.
   어느 나라 사람이에요?
   중국 사람이에요.
   직업이 뭐예요?
   요리사예요.

   1) 　이름: 민호　국적: 한국　직업: 학생

   2) 　이름: 마리　국적: 일본　직업: 회사원

   3) 　이름:　국적:　직업:

새 어휘 | 어느

친구 소개

1. Read the following text and answer the questions. 다음 글을 읽고 질문에 답하세요.

이 사람은 제 친구예요.
이름은 김진우예요. 한국 사람이에요.
진우 씨는 경찰이에요.

1) 이 사람의 이름이 뭐예요?

2) 이 사람은 어느 나라 사람이에요?

3) 이 사람의 직업은 뭐예요?

2. Draw a picture of one of your classmates and write sentences introducing him/her.
여러분의 친구를 그리고 소개하는 글을 써 보세요.

한자어 수

1. **Find the numbers from 1 to 10 and put them in order by drawing a line.**
   1부터 10까지 찾아서 순서대로 이어 보세요.

2. **Say the following numbers to a partner. Then write down the numbers that your partner says.** 다음 숫자를 친구한테 말해 보세요. 그리고 친구의 말을 듣고 숫자를 써 보세요.

A (※ A 사람만 보세요.)	B (※ B 사람만 보세요.)
1) 다음 숫자를 친구한테 말하세요. ① 59 ② ③ ④	1) 친구가 말하는 숫자를 듣고 쓰세요. ① ② ③ ④
2) 친구가 말하는 숫자를 듣고 쓰세요. ① ② ③ ④	2) 다음 숫자를 친구한테 말하세요. ① 21 ② ③ ④

이/가 | 이/가 아니에요

1. Look at the pictures and complete the conversations. 그림을 보고 대화를 완성해 보세요.

이름이 뭐예요?
안나예요.

1)
   가: 여기 _____ 교실이에요?
   나: 네. 교실이에요.

2) 가: 수지 씨 _____ 친구예요?
   나: 네. 제 친구예요.

3)
   가: 이 사람 _____ 누구예요?
   나: 제 동생이에요.

4)
   가: 전화번호 _____ 뭐예요?
   나: 010-4230-7718이에요.

2. Look at the pictures and complete the conversations. 그림을 보고 대화를 완성해 보세요.

안나 씨는 회사원이에요?
안나 씨는 회사원이 아니에요. 학생이에요.

1)
   가: 선생님은 여자예요?
   나: 선생님은 _____. 남자예요.

2)
   가: 유진 씨는 한국 사람이에요?
   나: 유진 씨는 _____. 미국 사람이에요.

3)
   가: 모자예요?
   나: _____.
   옷이에요.

4)
   가: 물이에요?
   나: _____.
   우유예요.

새 어휘 | 여자/옷

전화번호

1. Eugene is asking for a phone number. Listen carefully and answer the questions.
   유진 씨가 전화번호를 묻고 있어요. 다음을 잘 듣고 질문에 답하세요.

   1) 유진 씨는 어디 전화번호를 알고 싶어요?

   2) 이곳의 전화번호가 뭐예요?

   ① 567-8631　　② 1630-2928　　③ 597-8631　　④ 1630-2918

2. Ask your partner for the phone numbers of the following places.
   Then write down the answers. 다음 장소의 전화번호를 친구에게 물어보세요. 그리고 친구의 대답을 써 보세요.

   1) 　2) 　3) 　4)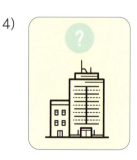

   (　　식당)　　(　　은행)　　(　　병원)　　(　　　　)

수지 씨의 전화번호

1. Read the following text and answer the questions. 다음 글을 읽고 질문에 답하세요.

이름: 이수지 (한국 사람)
직업: 대학생
전화번호: 010-1762-9853

이 사람은 수지 씨예요. 한국 사람이 아니에요. 중국 사람이에요. 대학생이에요. 전화번호는 공일공 일팔육일 구칠오삼이에요.

1) 글을 읽고 틀린 부분에 표시해 보세요.

2) 수지 씨는 회사원이에요?

3) 수지 씨 전화번호가 뭐예요?

2. Correct the text above and rewrite it. Then compare your writing with your partner's.
틀린 부분을 고쳐 다시 글을 쓰고 친구와 비교해 보세요.

물건

1. **What is this? Match each picture with the appropriate word.**
   이것은 무엇이에요? 알맞은 것을 연결해 보세요.

2. **Look at the picture and talk with a partner.**
   그림을 보고 친구와 이야기해 보세요.

책이 어디에 있어요?

책상 위에 있어요.

1) 가방   2) 시계   3) 의자

4) 필통   5) 컴퓨터   6) 핸드폰

이, 그, 저 | 에 있다, 없다

1. Look at the pictures and complete the conversations.
   그림을 보고 대화를 완성해 보세요.

이 사람은 누구예요?

어머니예요.

1) 가 : _____은 누구예요?
   나 : 한국어 선생님이에요.

2) 가 : _____은 누구예요?
   나 : 제 친구예요.

3) 가 : _____는 누구 시계예요?
   나 : 유진 씨 시계예요.

4) 가 : _____은 누구 가방이에요?
   나 : 주노 씨 가방이에요.

2. This is Sujie's room. What is in her room? What is her room missing? Who is not in her room? Look at the picture and talk with a partner.
   수지 씨 방에 무엇이 있어요? 무엇이 없어요? 누가 있어요? 누가 없어요? 그림을 보고 친구와 이야기해 보세요.

수지 씨 방

방에 책상이 있어요.

방에 주노 씨가 없어요.

마리 씨의 책

1. Eugene and Mari are talking together. Listen carefully and answer the questions.
  유진 씨와 마리 씨가 이야기해요. 다음을 잘 듣고 질문에 답하세요.

  1) 마리 씨 책은 어디에 있어요?

  2) 안나 씨는 어디에 있어요?

2. What do you see in the pictures? Who is there? Talk about the pictures with a partner.
  여기에 무엇이 있어요? 누가 있어요? 그림을 보고 친구와 이야기해 보세요.

1)  교실

2)  카페

3) ?

우리 교실

1. Read the following text and answer the questions. 다음 글을 읽고 질문에 답하세요.

여기는 우리 교실이에요. 칠판 앞에는 선생님 책상이 있어요. 선생님 책상 위에는 컴퓨터가 있어요. 제 책상 위에는 책, 연필, 필통이 있어요.

1) 여기는 어디예요?

2) 선생님 책상 위에 무엇이 있어요?

3) 이 사람 책상 위에 무엇이 있어요?

2. What is in our classroom? Draw a picture and write about it.
   우리 교실에는 무엇이 있어요? 그림을 그리고 써 보세요.

기본 동사

1. **What are they doing? Check (✓) the appropriate words.**
   무엇을 해요? 알맞은 것에 ✓ 표시를 해 보세요.

   1)
   ☐ 봐요   ☐ 자요

   2)
   ☐ 들어요   ☐ 마셔요

   3)
   ☐ 읽어요   ☐ 만나요

   4)
   ☐ 일해요   ☐ 운동해요

2. **Look at your partner's gestures and guess the appropriate verbs.**
   친구의 동작을 보고 알맞은 동사를 이야기해 보세요.

세종한국어 1A · 04 I'm studying Korean · 문법

| -아요/어요 | 을/를 |

1. Look at the pictures and talk with a partner. 그림을 보고 친구와 이야기해 보세요.

지금 무엇을 해요?

일해요.

1)  가: 지금 무엇을 해요?
나: 친구를 _____.

2) 가: 지금 무엇을 해요?
나: 밥을 _____.

3)  가: 지금 무엇을 해요?
나: 노래를 _____.

4) 가: 지금 무엇을 해요?
나: _____.

2. What do you like? Talk with a partner as follows. 무엇을 좋아해요? 다음과 같이 친구와 이야기해 보세요.

  노래 피자 김치 그림 영화 우유 사과 과자 신발 바나나
책 나무 쇼핑 춤 게임

무엇을 좋아해요?

저는 꽃을 좋아해요.

___꽃___ 을 좋아해요.

_____ 를 좋아해요.

새 어휘 | 노래 / 밥 / 그림 / 사과 / 바나나 / 춤

재민 씨와 마리 씨가 하는 일

1. Jaemin and Mari are talking together. Listen carefully and answer the questions.
   재민 씨와 마리 씨가 이야기해요. 다음을 잘 듣고 질문에 답하세요.

   1) 마리 씨는 오늘 무엇을 해요?

   ①    ②    ③

   2) 재민 씨는 무엇을 좋아해요?

   ①    ②    ③

2. Talk with a partner as follows. 다음과 같이 친구와 이야기해 보세요.

   오늘 무엇을 해요?
   영화를 봐요.

	질문	나	친구
1)	오늘 무엇을 해요?		
2)	오늘 누구를 만나요?		
3)	무엇을 읽어요?		
4)	무엇을 공부해요?		
5)			

안나 씨와 유진 씨가 좋아하는 일

1. Read the following text and answer the questions. 다음 글을 읽고 질문에 답하세요.

안나 씨는 쇼핑을 좋아해요. 백화점에 자주 가요. 오늘은 신발을 사요. 유진 씨는 운동을 좋아해요. 그리고 영화를 좋아해요. 오늘은 한국 영화를 봐요.

1) 안나 씨는 무엇을 좋아해요?

2) 안나 씨는 오늘 무엇을 사요?

3) 유진 씨는 오늘 무엇을 해요?

2. What do you like? So, what do you do? Write about what you like to do.
여러분은 무엇을 좋아해요? 그래서 무엇을 해요? 써 보세요.

장소와 식품

1. **What are these places? Match each picture with the appropriate word.**
   여기는 어디예요? 알맞은 것을 연결해 보세요.

학교   회사   공원   카페   식당   마트

2. **Choose the appropriate word and talk with a partner.** 다음에서 알맞은 것을 골라 친구와 이야기해 보세요.

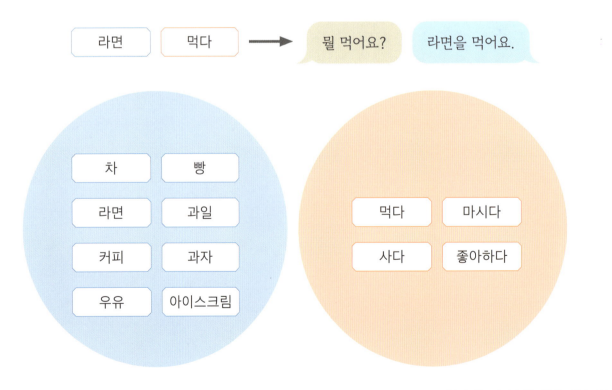

05 I buy bread and milk 문법

| 에 가다 | 하고 |

1. Look at the pictures and talk with a partner. 그림을 보고 친구와 이야기해 보세요.

어디에 가요?

학교에 가요.

2. Look at the pictures and talk with a partner. 그림을 보고 친구와 이야기해 보세요.

오늘 뭘 먹어요?

빵하고 우유를 먹어요.

1) 가방 안에 뭐가 있어요?

2) 뭘 사요?

안나 씨와 주노 씨가 가는 곳

1. Where are Anna and Juno going? Listen carefully and answer the questions.
   안나 씨와 주노 씨는 어디에 가요? 다음을 잘 듣고 질문에 답하세요.

   1) 주노 씨는 무엇을 먹어요?

   ①    ②    ③

   2) 안나 씨는 어디에 가요?

   ①    ②    ③

2. Talk with a partner as follows. 다음과 같이 친구와 이야기해 보세요.

오늘 뭐 해요?
마트에 가요.
뭘 사요?
빵하고 아이스크림을 사요.

1)  식당 / 먹다

2)  백화점 / 사다

3)  카페 / 마시다

4)  공원 / 만나다

나의 오늘

1. Read the following text and answer the questions. 다음 글을 읽고 질문에 답하세요.

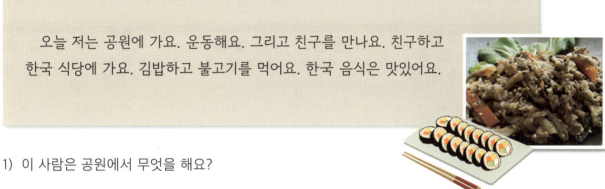

오늘 저는 공원에 가요. 운동해요. 그리고 친구를 만나요. 친구하고 한국 식당에 가요. 김밥하고 불고기를 먹어요. 한국 음식은 맛있어요.

1) 이 사람은 공원에서 무엇을 해요?

2) 이 사람은 오늘 누구를 만나요?

3) 이 사람은 무엇을 먹어요?

2. Where are you going today? What are you going to do? Write about it.
여러분은 오늘 어디에 가요? 무엇을 해요? 써 보세요.

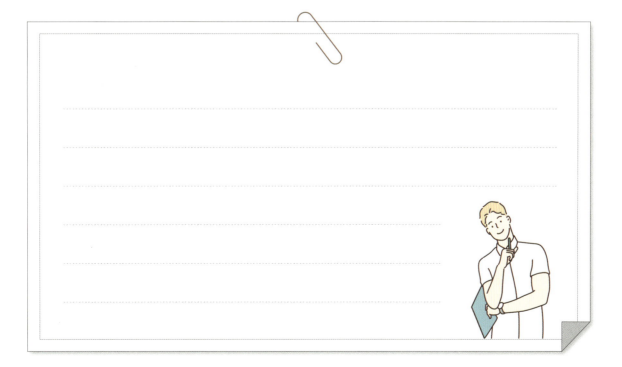

고유어 수

1. How many apples are there? Match each picture with the appropriate number.
   사과가 몇 개예요? 알맞은 숫자를 연결해 보세요.

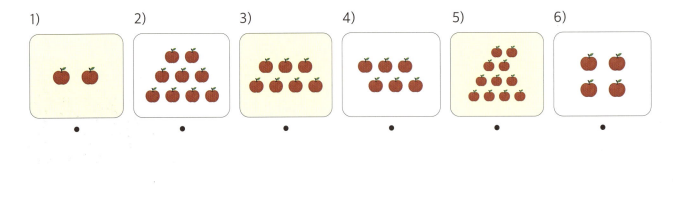

두 개   여섯 개   열한 개   아홉 개   네 개   일곱 개

2. What is in the convenience store? How many of them are there?
   Look at the picture and talk with a partner. 편의점에 무엇이 몇 개 있어요? 그림을 보고 친구와 이야기해 보세요.

빵이 몇 개 있어요?

세 개 있어요.

1) 빵   2) 과자   3) 라면   4) 계란   5) 초콜릿   6) 우유

새 어휘 | 초콜릿

| 단위 명사 | -(으)세요 |

1. Look at the pictures and talk with a partner. 그림을 보고 친구와 이야기해 보세요.

1)
2)
3)
4)

의자가 몇 개 있어요?   한 개 있어요.

2. Play a game of ending a sentence with the form of '-(으)세요' with a partner.
친구와 '-(으)세요' 게임을 해 보세요.

칠판 앞으로 가다	음악을 듣다	노래를 하다	뒤로 5칸 ←	책을 읽다
선생님을 만나다				꽝
물을 마시다				자기소개를 하다
앞으로 3칸 ↑				라면을 먹다
피아노를 치다				옷을 사다
운동을 하다	뒤로 2칸 →	춤을 추다	요리를 하다	← 출발

- 동전을 하나씩 준비하세요. 그리고 출발 위치에 놓으세요.
- 가위바위보를 하세요.
- 가위로 이기면 동전을 1칸, 바위로 이기면 2칸, 보로 이기면 3칸을 옮기세요.
- 이긴 사람은 '-(으)세요'를 사용해서 표현을 읽으세요.
- 진 사람은 행동하세요.
- 다시 가위바위보를 하세요.
- 동전이 먼저 출발 위치에 오는 사람이 이겨요.

새 어휘 | 추다

가게

1. Anna is going to a store. Listen carefully and answer the questions.
   안나 씨가 가게에 가요. 다음을 잘 듣고 질문에 답하세요.

   1) 안나 씨는 무엇을 사요? 몇 개 사요?

   ① 　　②

   2) 모두 얼마예요?

   ① 　　②

2. What do you want to buy? Look at the picture and talk with a partner. Then switch roles.
   무엇을 사요? 그림을 보고 주인과 손님이 되어 이야기해 보세요.

   주인 : 어서 오세요.
   손님 : 이 케이크는 얼마예요?
   주인 : 팔천 원이에요.
   손님 : 아이스크림은 얼마예요?
   주인 : 이천육백 원이에요.
   손님 : 그럼 케이크 한 개하고
   　　　아이스크림 한 개 주세요.
   주인 : 여기 있어요.

질문	무엇을 사요?	몇 개 사요?
1) 손님	케이크, 아이스크림	한 개, 한 개
2) 나		
3) 친구		

   새 어휘 | 손님

세종 마트

1. Read the following and answer the questions. 다음을 읽고 질문에 답하세요.

세종 마트

과자	1개	2,500원
라면	4개	4,800원
우유	2개	1,600원
물	3병	3,000원
합		11,900원

저는 세종 마트에 가요. 과자 한 개하고 라면 네 개를 사요. 그리고 우유 두 개하고 물 세 병을 사요.

1) 주노 씨는 어디에 가요?

2) 주노 씨는 무엇을 몇 개 사요?

3) 모두 얼마예요?

2. You are going to Sejong Mart. What products do you buy? How many of each do you buy? Write about it. 여러분이 세종 마트에 가요. 무엇을 몇 개 사요? 써 보세요.

세종 마트

____	____	____	원
____	____	____	원
____	____	____	원
____	____	____	원
합			원

새 어휘 | 합

날짜와 요일

1. What's the date? Match each date with the appropriate expression.
몇 월 며칠이에요? 알맞은 것을 연결해 보세요.

2. Look at the calendar and talk with a partner. 달력을 보고 친구와 이야기해 보세요.

칠월 이십삼일은 무슨 요일이에요?

수요일이에요.

1)	칠월 이십삼일 — 무슨 요일
2)	내일 — 무슨 요일
3)	이번 주 금요일 — 며칠
4)	

에 | ○시 ○분

1. Look at the pictures and complete the conversations.
그림을 보고 대화를 완성해 보세요.

주노 씨는 언제 일어나요?

여섯 시 삼십 분에 일어나요.

1)  가 : 재민 씨, 오늘 친구를 만나요?
나 : 네, _____.

2) 가 : 드라마가 몇 시에 시작해요?
나 : _____.

3) 가 : 안나 씨는 언제 세종학당에 가요?
나 : _____.

4) 가 : 유진 씨는 토요일에 아르바이트를 해요?
나 : 아니요, _____.

2. Complete the picture of each clock and talk with a partner as follows.
다음과 같이 그림과 대화를 완성해 보세요.

지금 몇 시예요?

열 시 삼십 분이에요.

1) 가 : 우리 몇 시에 만나요?
나 : _____.

2) 가 : 기차가 몇 시에 출발해요?
나 : _____.

3) 가 : 영화가 몇 시에 시작해요?
나 : _____.

4) 가 : _____?
나 : _____.

새 어휘 | 기차 / 출발하다

안나 씨의 하루

1. Anna's friend is coming to visit her house. Listen carefully and answer the questions.
안나 씨 집에 친구가 와요. 다음을 잘 듣고 질문에 답하세요.

1) 안나 씨는 내일 뭘 해요?

① 　② 　③

2) 친구가 몇 시에 와요?

① 2시　② 3시　③ 4시

2. Read the following notice about a Korean culture class and tell your classmate about it. Listen to your classmate and write the missing information on the notice.
다음 한국 문화 수업 안내문을 보고 친구에게 이야기해 주세요. 친구의 이야기를 듣고 써 보세요.

A (※ A 사람만 보세요.)	B (※ B 사람만 보세요.)
1) 〈떡국을 만들어요〉 여러분, 모두 오세요. 우리 같이 떡국을 만들어요. 떡국을 같이 먹어요. 언제: 1월 1일 아침 10시 어디: 세종학당 101호	1) 〈떡국을 만들어요〉 여러분, 모두 오세요. 우리 같이 떡국을 만들어요. 떡국을 같이 먹어요. 언제: ___월 ___일 아침 ___시 어디: 세종학당 ___호
2) 〈윷놀이를 해요〉 여러분, 시간이 있어요? 우리 토요일에 같이 윷놀이를 해요. 모두 오세요. 언제: ___요일 ___시 어디: 세종학당 ___층	2) 〈윷놀이를 해요〉 여러분, 시간이 있어요? 우리 토요일에 같이 윷놀이를 해요. 모두 오세요. 언제: 토요일 오후 2시 어디: 세종학당 3층

새 어휘 | 떡국 / 여러분 / 윷놀이

나와 친구의 주말

1. Read the following text and answer the questions. 다음 글을 읽고 질문에 답하세요.

저는 지금 공항에 있어요. 오늘 고향 친구가 와요. 친구는 세 시에 도착해요. 오늘은 친구하고 한국 식당에 가요. 내일은 같이 쇼핑을 해요. 친구는 다음 주에 집에 가요. 😅

1) 이 사람은 지금 어디에 있어요?

2) 친구가 몇 시에 와요?

3) 친구는 언제 집에 가요?

2. You are going to meet your friend today. At what time will you meet your friend? What are you going to do? Write about it. 오늘 친구를 만나요. 몇 시에 만나요? 무엇을 해요? 써 보세요.

새 어휘 | 고향 / 공항 / 많다 / 도착하다

날씨와 계절

1. How is the weather in Korea? Draw a line to match the season with its weather.
   한국의 날씨는 어때요? 계절과 날씨를 연결해 보세요.

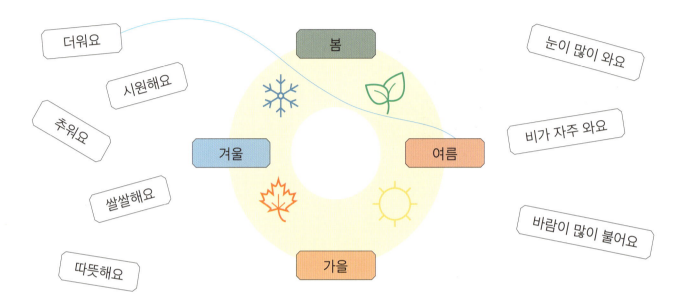

2. How is the weather? Look at the pictures and talk with a partner.
   날씨가 어때요? 그림을 보고 친구와 이야기해 보세요.

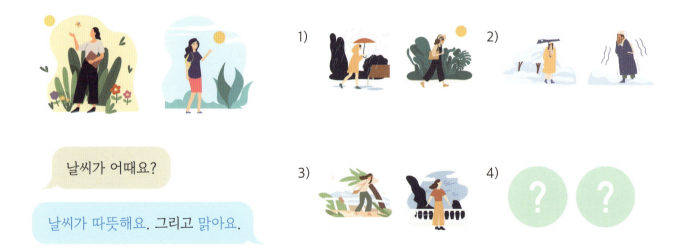

안 | ㅂ 불규칙

1. Look at the pictures and complete the conversations.
그림을 보고 대화를 완성해 보세요.

지금 밖에 비가 와요?

아니요. 안 와요.
날씨가 흐려요.

1)
가: 지금 자요?
나: 아니요. _____.
책을 읽어요.

2)
가: 내일 도서관에 가요?
나: 아니요. _____.
백화점에 가요.

3)
가: 오늘 날씨가 더워요?
나: 아니요. _____.
밤에는 좀 쌀쌀해요.

4)
가: 지금 전화를 해요?
나: 아니요. _____.
메시지를 보내요.

2. Look at the pictures and complete the conversations.
그림을 보고 대화를 완성해 보세요.

오늘 날씨가 어때요?

더워요.

1)
가: 안나 씨, 김치가 어때요?
나: _____. 그렇지만 맛있어요.

2)
가: 책이 어려워요?
나: 아니요. 아주 _____. 재미있어요.

3)
가: 가방이 가벼워요?
나: 아니요. _____.

4)
가: 밖이 _____?
나: 아니요. 오늘은 따뜻해요.

새 어휘 | 메시지 / 보내다 / 재미있다

오늘의 날씨

1. This is today's weather. Listen carefully and answer the questions.
   오늘의 날씨예요. 다음을 잘 듣고 질문에 답하세요.

   1) 오늘 아침의 날씨는 어때요?

   ①    ②    ③

   2) 무엇을 준비해요?

2. What's the weather like today? Look at the pictures and talk with a partner.
   오늘 날씨가 어때요? 그림을 보고 친구와 이야기해 보세요.

   1)    2)

새 어휘 | 준비하다

한국의 사계절

1. Read the following text and answer the questions.
   다음 글을 읽고 질문에 답하세요.

〈한국의 날씨를 알아요?〉

한국에는 사계절이 있어요.
봄에는 날씨가 좋아요. 따뜻해요. 꽃이 많아요.
여름은 더워요. 비가 자주 와요.
가을은 시원해요. 단풍이 아주 예뻐요.
겨울은 아주 추워요. 눈이 와요.

1) 한국의 봄 날씨는 어때요?

2) 언제 비가 자주 와요?

3) 겨울 날씨는 어때요?

2. Write about the seasons and weather in your country. 여러분 나라의 계절과 날씨에 대해 써 보세요.

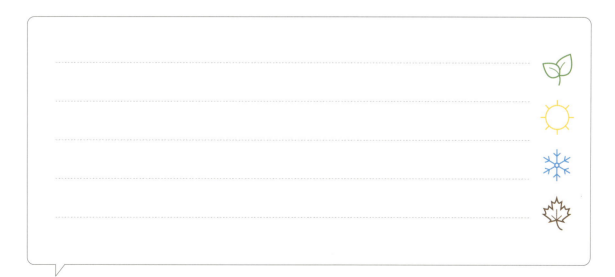

주말 활동

1. What are you doing? Match each picture with the appropriate expression.

무엇을 해요? 알맞은 것을 연결해 보세요.

1)

- 게임을 해요
- 드라마를 봐요
- 산책해요
- 쇼핑해요
- 친구를 만나요
- 자전거를 타요

2)

3)

4)

5)

6)

---

2. Look at the pictures and complete the conversations.

그림을 보고 대화를 완성해 보세요.

주말에 공원에 가요?

네. 공원에 가요. 산책해요.

1)
가 : 오늘 저녁에 집에 있어요?
나 : 아니요. _____.

2)
가 : 박물관에 가요?
나 : 네. _____.

3)
가 : 오늘 친구를 만나요?
나 : 아니요. _____.

4)
가 : 내일 뭐 해요?
나 : _____.

| 에서 | -았/었- |

1. Look at the pictures and complete the conversations.
   그림을 보고 대화를 완성해 보세요.

지금 집에 있어요?

네. 오늘은 집에서 청소해요.

1)
   가 : 토요일에 공원에 가요?
   나 : 네. _____.

2)
   가 : 일요일에 뭐 해요?
   나 : _____.

3)
   가 : 오늘 회사에 가요?
   나 : 아니요. _____.

4)
   가 : 주말에 집에서 쉬어요?
   나 : 아니요. _____.

2. What did these people do last Saturday? Look at the picture and talk with a partner.
   이 사람들은 지난 토요일에 무엇을 했어요? 그림을 보고 친구와 이야기해 보세요.

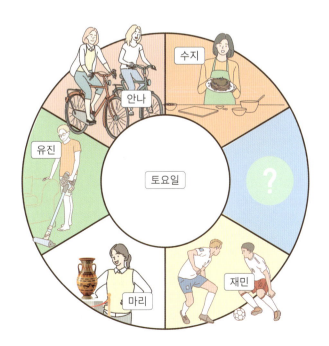

유진 씨는 토요일에 뭐 했어요?

집에서 청소했어요.

안나 씨와 재민 씨의 주말

1. Anna and Jaemin are talking about their weekend. Listen carefully and answer the questions. 안나 씨와 재민 씨의 주말 이야기예요. 다음을 잘 듣고 질문에 답하세요.

1) 안나 씨는 토요일에 무엇을 했어요?

2) 재민 씨는 주말에 무엇을 했어요?

① 집에서 쉬었어요.   ② 고향에 다녀왔어요.   ③ 한국 음식을 만들었어요.

2. What did you do over the weekend? Ask and answer questions with a partner.
친구들은 주말에 무엇을 했어요? 질문을 만들고 친구와 이야기해 보세요.

> 주말에 한국어를 공부했어요?
> 네. 한국어를 공부했어요.
> 어디에서 공부했어요?
> 집에서 공부했어요.

> 주말에 한국어를 공부했어요?
> 아니요. 안 했어요.
> 그럼 뭐 했어요?
> 집에서 쉬었어요.

	질문	나	친구 1	친구 2
1)	주말에 한국어를 공부했어요?	네 / 아니요		
2)				
3)				
4)				
5)				

새 어휘 | 옛날

유진 씨의 주말

1. Read the following text and answer the questions. 다음 글을 읽고 질문에 답하세요.

> 저는 토요일에 바빴어요. 오전에는 방을 청소했어요. 그리고 빨래를 했어요. 오후에는 친구가 집에 왔어요. 집에서 친구하고 같이 떡볶이를 만들었어요. 아주 맛있었어요. 그리고 한국 드라마를 같이 봤어요. 👍😆

   1) 유진 씨는 토요일 오전에 무엇을 했어요?

   2) 유진 씨는 토요일 오후에 무엇을 했어요?

   3) 떡볶이는 어땠어요?

2. What did you do last Saturday? How was it? Write about it.
   여러분은 토요일에 무엇을 했어요? 어땠어요? 써 보세요.

새 어휘 | 오전 / 빨래 / 떡볶이

약속

1. Do you have plans? What do you do with your friend? Match each picture with the appropriate words. Then talk with a partner as follows. 약속이 있어요? 친구하고 무엇을 해요? 알맞은 것을 연결하고 다음과 같이 이야기해 보세요.

안나 씨하고 공연을 봐요.

1) (안나)
2) (주노)
3) (수지)
4) (유진)

공연 — 먹다
수영장 — 가다
커피 — 보다
저녁 — 하다
자전거 — 마시다
여행 — 타다

2. Complete the conversations as follows. 다음과 같이 대화를 완성해 보세요.

오늘 저녁에 뭐 해요?

친구하고 같이 한국 식당에 가요.

	질문	나	
1)	오후에 뭐 해요?		
2)	내일 뭐 해요?		
3)	이번 주말에 뭐 해요?		
4)	방학에 뭐 해요?		

10 Shall we go to an amusement park together? — 문법

-고 싶다 | -(으)ㄹ까요?

1. **What do you want to do? What do these people want to do? Look at each picture and talk about it.** 여러분은 무엇을 하고 싶어요? 다음 사람들은 무엇을 하고 싶어 해요? 그림을 보고 이야기해 보세요.

> 저는 지금 영화를 보고 싶어요.
>
> 재민 씨는 잠을 자고 싶어 해요.

1)
저는 지금 영화를 보고 싶어요.
재민 씨는 잠을 자고 싶어 해요.

2)
．

3)
．
．

4)
．
．

2. **What did these people do last Saturday? Look at the pictures and talk with a partner.** 이 사람들은 지난 토요일에 무엇을 했어요? 그림을 보고 친구와 이야기해 보세요.

> 여기에서 택시를 탈까요?
>
> 네. 좋아요.

1)  여기에서 택시를 • 　　• 하다
2)   같이 게임을 • 　　• 보다
3)   주말에 영화를 • 　　• 먹다
4)   오늘 같이 저녁을 • 　　• 타다
5)  방학에 같이 여행을 • 　　• 가다

새 어휘 | 잠 / 택시

주말 약속

1. Juno and Mari are making an appointment. Listen carefully and answer the questions. 주노 씨와 마리 씨가 약속을 해요. 다음을 잘 듣고 질문에 답하세요.

   1) 주노 씨는 주말에 무엇을 해요?

   ①    ②    ③

   2) 두 사람은 몇 시에 만나요?

   ① 2시   ② 3시   ③ 2시 30분   ④ 3시 30분

2. Look at the following posters and make appointments with a partner.
   다음 안내문을 보고 친구와 약속을 해 보세요.

   1)
   케이팝(K-POP) 콘서트
   1월 3일(금) 오후 7시
   세종운동장

   2)
   한국 영화
   9월 10일(토) 오후 8시
   서울영화관

새 어휘 | 경기 / 경기장 / 운동장

약속

1. Read the following text and answer the questions. 다음 글을 읽고 질문에 답하세요.

> 저는 축구 경기를 보고 싶었어요. 그래서 오늘 마리 씨하고 축구 경기를 봤어요. 경기장에는 사람들이 아주 많았어요. 축구는 3시에 시작했어요. 축구 경기는 정말 재미있었어요. 축구 경기가 6시에 끝났어요. 그리고 마리 씨하고 저녁을 먹었어요. 오늘 하루는 재미있었어요.

1) 이 사람은 오늘 무엇을 했어요?

2) 축구 경기는 어땠어요?

3) 이 사람은 저녁에 무엇을 했어요?

2. What kind of appointment did you make with your friend? What happened? Write about it. 여러분의 친구와 무슨 약속을 했어요? 어떤 일이 있었어요? 써 보세요.

/ Listening Scripts   / Answer Key   / Vocabulary Index   / Credits

Listening Scripts 1A

01 Hi, I'm Anna
안녕하세요? 저는 안나예요.

`듣고 말하기` `1번` `8쪽`

마리 씨와 유진 씨가 처음 만나서 인사해요. 다음을 잘 듣고 질문에 답하세요.

마리: 안녕하세요? 제 이름은 마리예요.
유진: 안녕하세요? 저는 유진이에요.
마리: 유진 씨는 어느 나라 사람이에요?
유진: 저는 미국 사람이에요. 마리 씨는요?
마리: 저는 일본 사람이에요. 저는 회사원이에요. 유진 씨는 학생이 에요?
유진: 네. 대학생이에요.

02 Can I have your phone number?
전화번호가 뭐예요?

`듣고 말하기` `1번` `12쪽`

유진 씨가 전화번호를 묻고 있어요. 다음을 잘 듣고 질문에 답하세요.

유진: 마리 씨, 행복식당 전화번호가 뭐예요?
마리: 1630-2918이에요.
유진: 1630-2928, 맞아요?
마리: 2928이 아니에요. 2918이에요.

03 My bag is next to the desk
제 가방은 책상 옆에 있어요

`듣고 말하기` `1번` `16쪽`

유진 씨와 마리 씨가 이야기해요. 다음을 잘 듣고 질문에 답하세요.

유진: 마리 씨, 이 책이 마리 씨 책이에요?
마리: 아니요. 제 책은 가방에 있어요. 그 책은 안나 씨 책이에요.
유진: 안나 씨는 어디에 있어요?
마리: 교실 밖에 있어요.

04 I'm studying Korean
한국어를 공부해요

`듣고 말하기` `1번` `20쪽`

재민 씨와 마리 씨가 이야기해요. 다음을 잘 듣고 질문에 답하세요.

재민: 마리 씨, 오늘 뭐 해요?
마리: 저는 친구를 만나요. 재민 씨는 오늘 뭐 해요?
재민: 저는 운동해요.
마리: 운동을 좋아해요?
재민: 네. 아주 좋아해요.

05 I buy bread and milk
빵하고 우유를 사요

`듣고 말하기` `1번` `24쪽`

안나 씨와 주노 씨는 어디에 가요? 다음을 잘 듣고 질문에 답하세요.

안나: 주노 씨, 지금 어디에 가요?
주노: 식당에 가요.
안나: 뭘 먹어요?
주노: 라면하고 김밥을 먹어요. 안나 씨는 어디에 가요?
안나: 저는 집에 가요.

06 Give me five apples
사과 다섯 개 주세요

| 듣고 말하기 | 1번 | 28쪽 |

안나 씨가 가게에 가요. 다음을 잘 듣고 질문에 답하세요.

주인: 어서 오세요.
안나: 이 빵 얼마예요?
주인: 삼천 원이에요.
안나: 우유는 얼마예요?
주인: 천 원이에요.
안나: 그럼 빵 한 개하고 우유 두 개 주세요.
주인: 여기 있어요.

07 It begins at seven o'clock
일곱 시에 시작해요

| 듣고 말하기 | 1번 | 32쪽 |

안나 씨 집에 친구가 와요. 다음을 잘 듣고 질문에 답하세요.

재민: 안나 씨, 내일 집에 있어요?
안나: 네. 집에 있어요. 내일 오후에 친구가 우리 집에 와요.
재민: 몇 시에 와요?
안나: 네 시에 와요. 같이 한국 드라마를 봐요. 그리고 저녁을 같이 먹어요. 재민 씨, 내일 우리 집에 오세요.
재민: 저는 내일 오후에는 시간이 없어요. 미안해요.

08 Is the weather hot?
날씨가 더워요?

| 듣고 말하기 | 1번 | 36쪽 |

오늘의 날씨예요. 다음을 잘 듣고 질문에 답하세요.

오늘의 날씨예요. 오늘 아침은 아주 따뜻해요. 오후하고 저녁에는 날씨가 좀 흐려요. 바람이 불어요. 밤에는 비가 와요. 우산을 준비하세요.

09 I took a walk in the park
공원에서 산책했어요

| 듣고 말하기 | 1번 | 40쪽 |

안나 씨와 재민 씨의 주말 이야기예요. 다음을 잘 듣고 질문에 답하세요.

재민: 안나 씨, 주말 잘 보냈어요?
안나: 네. 토요일에 친구하고 같이 박물관 구경을 했어요.
재민: 아, 박물관 구경요? 안나 씨는 박물관 구경을 좋아해요?
안나: 네. 저는 옛날 물건을 좋아해요. 재민 씨는 주말에 뭐 했어요?
재민: 저는 토요일에 고향 친구를 만났어요. 친구하고 같이 노래방에서 노래했어요. 아주 재미있었어요. 일요일에는 한국 음식을 만들었어요.

10 Shall we go to an amusement park together?
우리 같이 놀이공원에 갈까요?

| 듣고 말하기 | 1번 | 44쪽 |

주노 씨와 마리 씨가 약속을 해요. 다음을 잘 듣고 질문에 답하세요.

주노: 마리 씨, 이번 주 일요일에 축구 경기를 같이 볼까요?
마리: 좋아요. 저도 축구 경기를 보고 싶었어요.
주노: 축구 경기가 3시에 시작해요. 우리는 몇 시에 만날까요?
마리: 그럼 2시 30분에 경기장 앞에서 만나요.
주노: 좋아요. 그럼 일요일에 봐요.

Answer Key 1A

 Hi, I'm Anna
안녕하세요? 저는 안나예요.

| 어휘와 표현 | 1번 | 6쪽 |

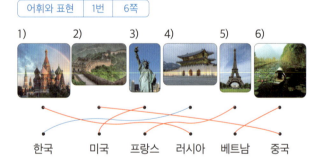

| 어휘와 표현 | 2번 | 6쪽 |

1) 가: 캐나다 사람이에요?
   나: 네. 캐나다 사람이에요.
   가: 선생님이에요?
   나: 아니요. 회사원이에요.
2) 가: 인도네시아 사람이에요?
   나: 네. 인도네시아 사람이에요.
   가: 회사원이에요?
   나: 아니요. 가수예요.
3) 가: 태국 사람이에요?
   나: 네. 태국 사람이에요.
   가: 가수예요?
   나: 아니요. 요리사예요.
4) [예시]
   가: 미국 사람이에요?
   나: 네. 미국 사람이에요.
   가: 요리사예요?
   나: 아니요. 학생이에요.

| 문법 | 1번 | 7쪽 |

___이에요: 책이에요./신발이에요./책상이에요./ 공책이에요./가방이에요.
___예요: 나무예요./의자예요./포도예요./과자예요./우유예요./차예요.

| 문법 | 2번 | 7쪽 |

1) 제 친구는 대학생이에요
2) 유나는 가수예요
3) 선생님은 한국 사람이에요
4) 누나는 의사예요

| 듣고 말하기 | 1번 | 8쪽 |

1) ② 미국
2) ② 회사원

| 듣고 말하기 | 2번 | 8쪽 |

1) 가: 이름이 뭐예요?
   나: 민호예요.
   가: 어느 나라 사람이에요?
   나: 한국 사람이에요.
   가: 직업이 뭐예요?
   나: 학생이에요.
2) 가: 이름이 뭐예요?
   나: 마리예요.
   가: 어느 나라 사람이에요?
   나: 일본 사람이에요.
   가: 직업이 뭐예요?
   나: 회사원이에요.
3) [예시]
   가: 이름이 뭐예요?
   나: 마리아예요.
   가: 어느 나라 사람이에요?
   나: 미국 사람이에요.
   가: 직업이 뭐예요?
   나: 대학생이에요.

| 읽고 쓰기 | 1번 | 9쪽 |

1) 김진우예요.
2) 한국 사람이에요.
3) 경찰이에요.

| 읽고 쓰기 | 2번 | 9쪽 |

[예시]
이 사람은 제 친구예요.
이름은 웨이예요. 중국 사람이에요.
웨이 씨는 요리사예요.

02 Can I have your phone number?
전화번호가 뭐예요?

| 어휘와 표현 | 1번 | 10쪽 |

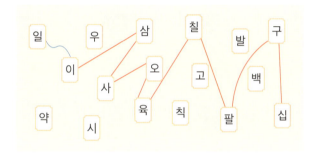

| 문법 | 1번 | 11쪽 |

1) 가
2) 가
3) 이
4) 가

| 문법 | 2번 | 11쪽 |

1) 여자가 아니에요
2) 한국 사람이 아니에요
3) 모자가 아니에요
4) 물이 아니에요

| 듣고 말하기 | 1번 | 12쪽 |

1) ①
2) ④

| 듣고 말하기 | 2번 | 12쪽 |

[예시]
1) 가: 다정식당 전화번호가 뭐예요?
   나: 02-1512-8943이에요.

2) 가: 세종은행 전화번호가 뭐예요?
   나: 044-4004-1036이에요.
3) 가: 미소병원 전화번호가 뭐예요?
   나: 062-2858-2121이에요.
4) 가: 하나 카페 전화번호가 뭐예요?
   나: 055-9338-1987이에요.

| 읽고 쓰기 | 1번 | 13쪽 |

1)

2) 아니요. 회사원이 아니에요. 대학생이에요.
3) 수지 씨 전화번호는 010-1762-9853이에요.

| 읽고 쓰기 | 2번 | 13쪽 |

　이 사람은 수지 씨예요. 중국 사람이 아니에요. 한국 사람이에요. 대학생이에요. 전화번호는 공일공 일칠육이 구팔오삼이에요.

03 My bag is next to the desk
제 가방은 책상 옆에 있어요

| 어휘와 표현 | 1번 | 14쪽 |

| 어휘와 표현 | 2번 | 14쪽 |

1) 가: 가방이 어디에 있어요?
   나: 책상 밑에 있어요.
2) 가: 시계가 어디에 있어요?
   나: 책상 위에 있어요./책 옆에 있어요.
3) 가: 의자가 어디에 있어요?
   나: 책상 앞에 있어요.
4) 가: 필통이 어디에 있어요?
   나: 가방 안에 있어요.

5) 가: 컴퓨터가 어디에 있어요?
　　나: 책상 위에 있어요./핸드폰 뒤에 있어요.
6) 가: 핸드폰이 어디에 있어요?
　　나: 시계 옆에 있어요./컴퓨터 앞에 있어요.

| 문법 | 1번 | 15쪽 |

1) 저 사람
2) 그 사람
3) 이 시계
4) 저 가방

| 문법 | 2번 | 15쪽 |

[예시]
방에 안나 씨가 있어요.
방에 가방이 있어요.

| 듣고 말하기 | 1번 | 16쪽 |

1) ②
2) ③

| 듣고 말하기 | 2번 | 16쪽 |

[예시]
1) 교실에 선생님이 있어요.
　교실에 마리 씨가 있어요.
　교실에 칠판이 있어요.
　교실에 시계가 있어요.
2) 카페에 안나 씨가 있어요.
　카페에 주노 씨가 있어요.
　카페에 커피가 있어요.
　카페에 물이 있어요.
3) 도서관에 유진 씨가 있어요.
　도서관에 주노 씨가 있어요.
　도서관에 책이 있어요.
　도서관에 책상이 있어요.

| 읽고 쓰기 | 1번 | 17쪽 |

1) 여기는 교실이에요.
2) 선생님 책상 위에 컴퓨터가 있어요.
3) 이 사람 책상 위에 책, 연필, 필통이 있어요.

| 읽고 쓰기 | 2번 | 17쪽 |

[예시]
　여기는 우리 교실이에요. 선생님 책상 뒤에 칠판이 있어요. 칠판 옆에는 책장이 있어요. 제 책상 옆에는 가방이 있어요. 가방 안에는 책, 필통이 있어요.

04 I'm studying Korean
한국어를 공부해요

| 어휘와 표현 | 1번 | 18쪽 |

1) 봐요
2) 마셔요
3) 읽어요
4) 일해요

| 문법 | 1번 | 19쪽 |

1) 만나요
2) 먹어요
3) 들어요
4) 요리해요

| 문법 | 2번 | 19쪽 |

꽃 을 좋아해요.

그림/신발/책/쇼핑/춤/게임

＿＿＿＿ 를 좋아해요.

노래/피자/김치/영화/우유/사과/과자/바나나/나무

| 듣고 말하기 | 1번 | 20쪽 |

1) ③
2) ①

| 듣고 말하기 | 2번 | 20쪽 |

1) 가: 오늘 무엇을 해요?
　　나: 영화를 봐요.
2) 가: 오늘 누구를 만나요?
　　나: 친구를 만나요.
3) 가: 무엇을 읽어요?
　　나: 한국어 책을 읽어요.
4) 가: 무엇을 공부해요?
　　나: 한국어를 공부해요.
5) [예시]
　가: 무엇을 봐요?
　나: 한국 드라마를 봐요.

| 읽고 쓰기 | 1번 | 21쪽 |

1) 안나 씨는 쇼핑을 좋아해요.
2) 안나 씨는 오늘 신발을 사요.
3) 유진 씨는 오늘 한국 영화를 봐요.

| 읽고 쓰기 | 2번 | 21쪽 |

[예시]
  저는 영화를 좋아해요. 영화관에 자주 가요. 오늘은 한국 영화를 봐요.

05 I buy bread and milk
빵하고 우유를 사요

| 어휘와 표현 | 1번 | 22쪽 |

1) 2) 3) 4) 5) 6)
학교 회사 공원 카페 식당 마트

| 어휘와 표현 | 2번 | 22쪽 |

[예시 1]
가: 뭘 마셔요?
나: 우유를 마셔요.
[예시 2]
가: 뭘 먹어요?
나: 과일을 먹어요.

| 문법 | 1번 | 23쪽 |

1) 가: 어디에 가요?
  나: 마트에 가요.
2) 가: 어디에 가요?
  나: 카페에 가요.
3) 가: 어디에 가요?
  나: 회사에 가요.
4) 가: 어디에 가요?
  나: 식당에 가요.
5) 가: 어디에 가요?
  나: 공원에 가요.
6) 가: 어디에 가요?
  나: 백화점에 가요.

| 문법 | 2번 | 23쪽 |

[예시]
1) 가: 가방 안에 뭐가 있어요?
  나: 가방 안에 연필하고 핸드폰이 있어요.
2) 가: 뭘 사요?
  나: 라면하고 과자를 사요.

| 듣고 말하기 | 1번 | 24쪽 |

1) ①
2) ③

| 듣고 말하기 | 2번 | 24쪽 |

[예시]
1) 가: 오늘 뭐 해요?
  나: 식당에 가요.
  가: 뭘 먹어요?
  나: 불고기하고 김치를 먹어요.
2) 가: 오늘 뭐 해요?
  나: 백화점에 가요.
  가: 뭘 사요?
  나: 옷하고 신발을 사요.
3) 가: 오늘 뭐 해요?
  나: 카페에 가요.
  가: 뭘 마셔요?
  나: 커피하고 차를 마셔요.
4) 가: 오늘 뭐 해요?
  나: 공원에 가요.
  가: 누구를 만나요?
  나: 재민 씨하고 마리 씨를 만나요.

| 읽고 쓰기 | 1번 | 25쪽 |

1) 이 사람은 공원에서 운동해요.
2) 이 사람은 오늘 친구를 만나요.
3) 이 사람은 김밥하고 불고기를 먹어요.

| 읽고 쓰기 | 2번 | 25쪽 |

[예시]
  오늘 저는 도서관에 가요. 공부해요. 그리고 동생을 만나요. 동생하고 카페에 가요. 커피하고 차를 마셔요.

06 Give me five apples
사과 다섯 개 주세요

어휘와 표현 | 1번 | 26쪽

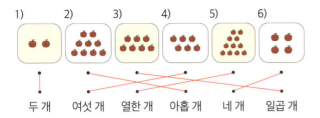

두 개 / 여섯 개 / 열한 개 / 아홉 개 / 네 개 / 일곱 개

어휘와 표현 | 2번 | 26쪽

2) 가: 과자가 몇 개 있어요?
나: 한 개 있어요.
3) 가: 라면이 몇 개 있어요?
나: 네 개 있어요.
4) 가: 계란이 몇 개 있어요?
나: 열두 개 있어요.
5) 가: 초콜릿이 몇 개 있어요?
나: 여덟 개 있어요.
6) 가: 우유가 몇 개 있어요?
나: 다섯 개 있어요.

문법 | 1번 | 27쪽

1) 가: 사람이 몇 명 있어요?
나: 두 명 있어요.
2) 가: 책이 몇 권 있어요?
나: 여섯 권 있어요.
3) 가: 고양이가 몇 마리 있어요?
나: 네 마리 있어요.
4) 가: 물이 몇 병 있어요?
나: 일곱 병 있어요.

듣고 말하기 | 1번 | 28쪽

1) ①
2) ②

듣고 말하기 | 2번 | 28쪽

2) [예시]
주인: 어서 오세요.
손님: 이 초콜릿은 얼마예요?
주인: 천 원이에요.
손님: 우유는 얼마예요?
주인: 구백 원이에요.
손님: 그럼 초콜릿 세 개하고 우유 두 개 주세요.
주인: 여기 있어요.

3) [예시]
주인: 어서 오세요.
손님: 이 빵은 얼마예요?
주인: 삼천 원이에요.
손님: 주스는 얼마예요?
주인: 천이백 원이에요.
손님: 그럼 빵 두 개하고 주스 네 개 주세요.
주인: 여기 있어요.

읽고 쓰기 | 1번 | 29쪽

1) 주노 씨는 세종 마트에 가요.
2) 주노 씨는 과자 한 개하고 라면 네 개하고 우유 두 개하고 물 세 병을 사요.
3) 모두 만 천구백 원이에요.

읽고 쓰기 | 2번 | 29쪽

[예시]
저는 세종 마트에 가요. 빵 두 개하고 주스 네 병을 사요. 그리고 케이크 한 개하고 사과 네 개를 사요.

07 It begins at seven o'clock
일곱 시에 시작해요

어휘와 표현 | 1번 | 30쪽

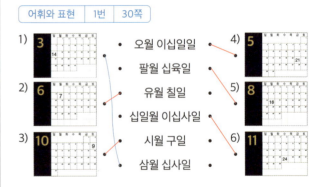

오월 이십일일 / 팔월 십육일 / 유월 칠일 / 십일월 이십사일 / 시월 구일 / 삼월 십사일

어휘와 표현 | 2번 | 30쪽

2) 가: 내일은 무슨 요일이에요?
나: 수요일이에요.
3) 가: 이번 주 금요일은 며칠이에요?
나: 사일이에요.
4) [예시]
가: 칠월 이십육일은 무슨 요일이에요?
나: 토요일이에요.

문법 | 1번 | 31쪽

1) 일곱 시에 만나요
2) 아홉 시에 시작해요

3) 목요일에 가요
4) 월요일하고 수요일에 해요

문법 | 2번 | 31쪽

[예시]

1)  한 시에 만나요

2) 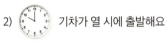 기차가 열 시에 출발해요

3) 영화가 세 시 삼십 분에 시작해요

4) 가: 아르바이트를 몇 시에 시작해요
    나: 열한 시에 시작해요

듣고 말하기 | 1번 | 32쪽

1) ②
2) ③

듣고 말하기 | 2번 | 32쪽

A
(※ A 사람만 보세요.)

2)
〈윷놀이를 해요〉
여러분, 시간이 있어요? 우리 토요일에 같이 윷놀이를 해요. 모두 오세요.
언제: 토 요일 오후 2 시
어디: 세종학당   3   층

B
(※ B 사람만 보세요.)

1)
〈떡국을 만들어요〉
여러분, 모두 오세요. 우리 같이 떡국을 만들어요. 떡국을 같이 먹어요.
언제: 1 월 1 일 아침 10 시
어디: 세종학당 101 호

읽고 쓰기 | 1번 | 33쪽

1) 이 사람은 공항에 있어요.
2) 친구가 세 시에 와요.
3) 친구는 다음 주 밤에 집에 가요.

읽고 쓰기 | 2번 | 33쪽

[예시]
  저는 오늘 세종학당 친구를 만나요. 친구를 두 시에 만나요. 오늘 친구하고 백화점에 가요. 같이 쇼핑을 해요. 그리고 같이 영화관에 가요. 한국 영화를 봐요. 우리는 저녁에 친구 집에 가요. 그리고 같이 저녁을 먹어요. 저는 오늘 밤에 친구 집에서 자요.

08 Is the weather hot?
날씨가 더워요?

어휘와 표현 | 1번 | 34쪽

어휘와 표현 | 2번 | 34쪽

1) 가: 날씨가 어때요?
   나: 비가 와요. 그리고 더워요.
2) 가: 날씨가 어때요?
   나: 눈이 와요. 그리고 추워요.
3) 가: 날씨가 어때요?
   나: 바람이 불어요. 그리고 시원해요.
4) [예시]
   가: 날씨가 어때요?
   나: 쌀쌀해요. 그리고 바람이 많이 불어요.

문법 | 1번 | 35쪽

1) 안 자요
2) 도서관에 안 가요
3) 날씨가 안 더워요
4) 전화를 안 해요

문법 | 2번 | 35쪽

1) 매워요
2) 쉬워요
3) 무거워요
4) 추워요

| 듣고 말하기 | 1번 | 36쪽 |

1) ③
2) 우산을 준비해요.

| 듣고 말하기 | 2번 | 36쪽 |

1) 오늘은 날씨가 맑아요. 그리고 따뜻해요.
2) 오늘은 눈이 와요. 그리고 아주 추워요.

| 읽고 쓰기 | 1번 | 37쪽 |

1) 한국은 봄에 날씨가 좋아요. 따뜻해요.
2) 여름에 비가 자주 와요.
3) 겨울 날씨는 아주 추워요. 눈이 와요.

| 읽고 쓰기 | 2번 | 37쪽 |

[예시]
영국에는 사계절이 있어요.
봄에는 날씨가 좋아요. 따뜻해요.
여름에는 많이 안 더워요.
가을에는 시원해요. 단풍이 예뻐요.
겨울에는 많이 안 추워요. 그렇지만 날씨가 흐려요. 그리고 비가 자주 와요.

09 I took a walk in the park
공원에서 산책했어요

| 어휘와 표현 | 1번 | 38쪽 |

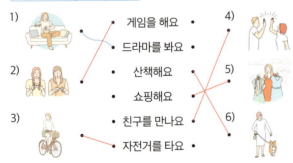

| 어휘와 표현 | 2번 | 38쪽 |

1) 영화관에 가요, 영화를 봐요
2) 박물관에 가요, 구경해요
3) 집에 있어요, 쉬어요
4) [예시]
　　백화점에 가요, 쇼핑해요

| 문법 | 1번 | 39쪽 |

1) 공원에서 운동해요
2) 영화관에서 영화를 봐요
3) 집에서 쉬어요
4) 친구하고 게임을 해요

| 문법 | 2번 | 39쪽 |

[예시 1]
가: 수지 씨는 토요일에 뭐 했어요?
나: 집에서 요리했어요.
[예시 2]
가: 안나 씨는 토요일에 뭐 했어요?
나: 친구하고 공원에서 자전거를 탔어요.
[예시 3]
가: 마리 씨는 토요일에 뭐 했어요?
나: 박물관에서 구경했어요.
[예시 4]
가: 재민 씨는 토요일에 뭐 했어요?
나: 친구하고 축구를 했어요.

| 듣고 말하기 | 1번 | 40쪽 |

1) ③
2) ③

| 듣고 말하기 | 2번 | 40쪽 |

[예시]
2) 가: 주말에 쇼핑을 했어요?
　　나: 네. 쇼핑을 했어요.
　　가: 어디에서 쇼핑을 했어요?
　　나: 백화점에서 쇼핑을 했어요.
3) 가: 주말에 운동을 했어요?
　　나: 아니요. 안 했어요.
　　가: 그럼 뭐 했어요?
　　나: 집에서 친구하고 게임했어요.

| 읽고 쓰기 | 1번 | 41쪽 |

1) 유진 씨는 토요일 오전에 방을 청소했어요. 그리고 빨래를 했어요.
2) 유진 씨는 토요일 오후에 친구하고 같이 떡볶이를 만들었어요.
3) 떡볶이는 아주 맛있었어요.

| 읽고 쓰기 | 2번 | 41쪽 |

[예시]
　　저는 토요일에 바빴어요. 오전에는 요리를 했어요. 떡볶이하고 김

밥을 만들었어요. 점심에는 세종학당 친구들이 집에 왔어요. 집에서 친구하고 같이 게임을 했어요. 아주 재미있었어요. 그리고 같이 영화관에 갔어요. 한국 영화를 봤어요. 아주 재미있었어요.

10 Shall we go to an amusement park together?
우리 같이 놀이공원에 갈까요?

| 어휘와 표현 | 1번 | 42쪽 |

[예시]
2) 주노 씨하고 저녁을 먹어요.
3) 수지 씨하고 자전거를 타요.
4) 유진 씨하고 여행을 가요.

| 어휘와 표현 | 2번 | 42쪽 |

[예시]
1) 가: 오후에 뭐 해요?
   나: 도서관에서 공부해요.
2) 가: 내일 뭐 해요?
   나: 동생하고 백화점에서 쇼핑해요.
3) 가: 이번 주말에 뭐 해요?
   나: 유진 씨하고 한강공원에서 자전거를 타요.
4) 가: 방학에 뭐 해요?
   나: 친구하고 같이 여행을 가요.

| 문법 | 1번 | 43쪽 |

2) 안나 씨는 밥을 먹고 싶어 해요.
3) 마리 씨는 운전을 하고 싶어 해요.
4) 유진 씨는 게임을 하고 싶어 해요.

| 문법 | 2번 | 43쪽 |

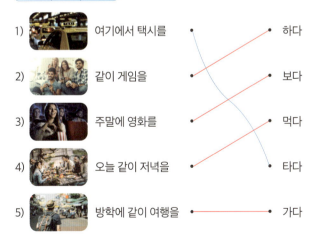

2) 같이 게임을 할까요?
3) 주말에 영화를 볼까요?
4) 오늘 같이 저녁을 먹을까요?
5) 방학에 같이 여행을 갈까요?

| 듣고 말하기 | 1번 | 44쪽 |

1) ②
2) ③

| 듣고 말하기 | 2번 | 44쪽 |

1) 가: 1월 3일 금요일에 케이팝 콘서트를 같이 볼까요?
   나: 좋아요. 저도 케이팝 콘서트를 보고 싶었어요.
   가: 콘서트가 오후 7시에 시작해요. 몇 시에 만날까요?
   나: 그럼 6시 30분에 만나요. 어디에서 콘서트를 해요?
   가: 세종운동장에서 해요. 세종운동장 앞에서 만날까요?
   나: 좋아요. 그럼 세종운동장 앞에서 만나요.
2) 가: 9월 10일 토요일에 한국 영화를 같이 볼까요?
   나: 좋아요. 저도 한국 영화를 보고 싶었어요.
   가: 영화는 서울영화관에서 오후 8시에 시작해요. 몇 시에 만날까요?
   나: 그럼 오후 7시 30분에 만나요.
   가: 좋아요. 그럼 영화관 앞에서 오후 7시 30분에 만나요.

| 읽고 쓰기 | 1번 | 45쪽 |

1) 오늘 축구 경기를 봤어요.
2) 축구 경기는 정말 재미있었어요.
3) 마리 씨하고 저녁을 먹었어요.

| 읽고 쓰기 | 2번 | 45쪽 |

[예시]
　저는 한강공원에 가고 싶었어요 그래서 오늘 친구하고 한강공원에 갔어요. 친구하고 11시에 한강 공원에서 만났어요. 공원에는 사람들이 아주 많았어요. 저는 친구하고 같이 산책하고 자전거를 탔어요. 그리고 친구하고 같이 공원에서 라면을 먹었어요. 정말 맛있었어요. 오늘 하루는 재미있었어요.

Vocabulary Index

(in Korean alphabetical order)

1A

ㄱ
가방	bag	7, 14
경기	game	44
경기장	stadium	44
고향	hometown	33
공항	airport	33
과자	snack	7, 19
국적	nationality	6, 8
그림	drawing	19
기차	train	31

ㄴ
나무	tree	7, 19
노래	song	19
누나	older sister	7

ㄷ
도착하다	arrive	33
떡국	tteokguk	32
떡볶이	tteokbokki	41

ㅁ
많다	a lot	33
메시지	message	35

ㅂ
바나나	banana	19
밥	meal	19
병원	hospital	12
보내다	send	35
빨래	laundry	41

ㅅ
사과	apple	19
손님	customer	28
신발	shoes	7, 19

ㅇ
어느	which, any	8, 9
여러분	everybody	32
여자	girl, woman	11
옛날	past	40
오전	morning	41
옷	clothes	11
우유	milk	7, 11, 19
운동장	sports field	44
윷놀이	yunnori	32
은행	bank	12
이	this	9

ㅈ
잠	sleep	43
재미있다	fun	35
주	week	30
준비하다	prepare	36

ㅊ
차	tea	7
책상	desk	7, 14
초콜릿	chocolate	26
출발하다	depart	31
춤	dance	19

ㅌ
택시	taxi	43

ㅎ
합	combination	29
휴가	vacation	39

Vocabulary Index

(in English alphabetical order)

1A

A
- a lot 많다 — 33
- airport 공항 — 33
- any 어느 — 8, 9
- apple 사과 — 19
- arrive 도착하다 — 33

B
- bag 가방 — 7, 14
- banana 바나나 — 19
- bank 은행 — 12

C
- chocolate 초콜릿 — 26
- clothes 옷 — 11
- combination 합 — 29
- customer 손님 — 28

D
- dance 춤 — 19
- depart 출발하다 — 31
- desk 책상 — 7, 14
- drawing 그림 — 19

E
- everybody 여러분 — 32

F
- fun 재미있다 — 35

G
- game 경기 — 44
- girl 여자 — 11

H
- hometown 고향 — 33
- hospital 병원 — 12

L
- laundry 빨래 — 41

M
- meal 밥 — 19
- message 메시지 — 35
- milk 우유 — 7, 11, 19
- morning 오전 — 41

N
- nationality 국적 — 6, 8

O
- older sister 누나 — 7

P
- past 옛날 — 40
- prepare 준비하다 — 36

S
- send 보내다 — 35
- shoes 신발 — 7, 19
- sleep 잠 — 43
- snack 과자 — 7, 19
- song 노래 — 19
- sports field 운동장 — 44
- stadium 경기장 — 44

T
- taxi 택시 — 43
- tea 차 — 7

This
- this 이 — 9
- train 기차 — 31
- tree 나무 — 7, 19
- tteokbokki 떡볶이 — 41
- tteokguk 떡국 — 32

V
- vacation 휴가 — 39

W
- week 주 — 30
- which 어느 — 8, 9
- woman 여자 — 11

Y
- yunnori 윷놀이 — 32

Credits

1A

※ 이 교재는 산돌폰트 외 Ryu 고운한글돋움OTF, Ryu 고운한글바탕OTF 등을 사용하여 제작되었습니다. Ryu 고운한글돋움OTF, Ryu 고운한글바탕OTF 서체는 서체 디자이너 류양희 님에게서 제공 받았습니다.

※ 강승희, 곽명주, 박가을, 이재영, 정원교 작가와 함께 작업했습니다.

| 게티이미지코리아 |

2과 12쪽_1번 1)①/③   5과 22쪽_1번 4); 23쪽_1번 1)/6); 24쪽_2번 (보기)/2)

| 셔터스톡 |

스피커 아이콘
말풍선
문서 아이콘
연필 아이콘

1과 6쪽; 7쪽; 8쪽_1번, 2번 (보기)우/1)/3); 9쪽   2과 11쪽_2번 1)/2)/3)/4); 12쪽_2번; 13쪽   3과 14쪽; 16쪽_1번, 2번 1)/3); 17쪽   4과 18쪽_1번; 19쪽; 20쪽_1번 1)②/③, 2), 2번; 21쪽_2번   5과 22쪽_1번 1)/2)/3)/5)/6); 23쪽_1번 (보기)/2)/3)/4)/5), 2번; 24쪽_1번, 2번 1)/3)/4); 25쪽   6과 26쪽_1번; 27쪽; 28쪽_1번 1), 2번; 29쪽_1번 좌, 2번   7과 30쪽; 31쪽; 32쪽_1번 1)①/③좌, 2번; 33쪽   8과 34쪽; 35쪽_1번 (보기)/1)/4), 2번 2); 36쪽_1번; 37쪽   9과 38쪽_1번 2)/3)/4)/5)/6), 2번 1)/2)/3); 39쪽; 40쪽; 41쪽   10과 42쪽; 43쪽; 44쪽_2번; 45쪽   부록 47쪽; 61쪽; 62쪽; 63쪽

| 기타 |

2과 12쪽_세종학당 로고 (세종학당재단 제공)

Sejong Korean 1A
Extension Activity Book

Ministry of Culture, Sports and Tourism
National Institute of Korean Language

154 Geumnanghwa-ro, Gangseo-gu
Seoul, 07511, Rep. of Korea
www.korean.go.kr

KONG & PARK

85 Gwangnaru-ro 56-gil, Gwangjin-gu
Seoul, 05116, Rep. of Korea
www.kongnpark.com

PROJECT MANAGERS	Park Miyoung	National Institute of Korean Language
	Jo Eun	National Institute of Korean Language
LEAD AUTHOR	Lee Jung Hee	Institute of International Education, Kyung Hee University
CO-AUTHORS	Jang Mijung	Institute of General Education, Korea University
	Kim Eun Ae	Language Education Institute, Seoul National University
	Chun Minji	Hanyang Institute of International Education, Hanyang University
	Kim Jihye	Institute of International Education, Kyung Hee University
	Yun Seyun	Institute of International Education, Kyung Hee University
ASSISTANT AUTHORS	Moon Jinsook	Department of Korean Language and Literature, Kyung Hee University
	Han Jaemin	Department of Korean Language and Literature, Kyung Hee University
	Jeong Seong Ho	Department of Korean Language and Literature, Kyung Hee University
	Seo Yoo Ri	Department of Korean Language and Literature, Kyung Hee University
REVIEWER OF ENGLISH TRANSLATION	Danielle O. Pyun	Department of East Asian Languages & Literatures, The Ohio State University

PUBLISHER	Director	Kong Kyung Yong
	Executive Editors	Lee Eugene, Lee Jin Deok, Yeo Inyeong
	Contributing Editors	Sung Soo Jung, Kassandra Lefrancois-Brossard
	Art Director	Oh Jinkyung
	Graphic Designers	Lee Jongwoo, Seo Euna, Lee Seung Hee
	Technical Managers	Son Dae-Chul, Kim Saehoon
	Production Coordinators	Gong Il-Seog, Choi Jinho
	Marketing Managers	Sung A. Jung, Paulina Zolta, Yoon Sung Ho